La corte española del siglo XVIII

Ramón Guerra

ANAYA

Colección: Biblioteca Básica
Serie: Historia

Diseño: Narcís Fernández
Edición gráfica y maquetación: Rosa Gallego

Coordinación científica: Joaquim Prats i Cuevas
(Catedrático de Instituto y
Profesor de Historia de la
Universidad de Barcelona)

© del texto, Ramón Guerra, 1991
© de la edición española, Grupo Anaya, S. A., 1991
Juan Ignacio Luca de Tena, 15. 28027 Madrid

Primera edición, noviembre 1991
Segunda edición, corregida, noviembre 1998
Tercera edición, febrero 2004

I.S.B.N.: 84-207-4025-X
Depósito legal: M-8338-2004
Impreso en ANZOS, S. A.
La Zarzuela, 6. Polígono Industrial Cordel de la Carrera
Fuenlabrada (Madrid)
Impreso en España - Printed in Spain

Contenido

Una nueva dinastía

Cuando Felipe de Anjou, futuro Felipe V, llegó a Irún, el 24 de enero de 1701, se puede decir que se iniciaba una nueva etapa en la historia de España. La Casa de Austria era sustituida por la Casa de Borbón y este cambio de dinastía implicaría profundos cambios en los modos de gobierno y en la concepción del poder. Continuando con la evolución hacia el absolutismo y trasladando a Madrid las ideas del Despotismo ilustrado de su abuelo Luis XIV, Felipe V da comienzo a un tipo de gobierno centralizado en Madrid y cuyo núcleo es el Rey.

Las Cortes sólo se reúnen en contadas ocasiones y no se les consiente iniciativa alguna. Los *fueros* de los reinos de Aragón y Valencia fueron abolidos (1707) y el *Decreto de Nueva Planta* privó a Cataluña y Mallorca de sus instituciones tradicionales. La importancia de los Consejos decreció notablemente y los secretarios fueron adquiriendo las competencias de éstos. Sólo el Consejo de Castilla conserva, e incluso ve aumentados, sus poderes. También el régimen municipal fue reformado, buscando un mayor control en los ayuntamientos. Respecto a la Iglesia, la postura intervencionista de los Reyes —regalismo— intentará contrarrestar el poder de la institución eclesiástica en la política, la economía y la sociedad.

La figura Real, su familia y el reducido núcleo de personas que los rodea, la Corte, serán las piezas clave en la vida política y social; de allí emanarán las órdenes, pero también desde allí, por su influencia, cambiarán las costumbres y las modas y se establecerán nuevos hábitos sociales.

1

Detalle del *Baile de Máscaras en el Teatro del Príncipe*, Madrid, por Paret. El cuadro, dentro del estilo galante de influencia francesa, refleja en los trajes y disfraces la moda de la época.

«El mejor de los mundos posibles»
El bienestar como objetivo político

La influencia de los pensadores ingleses del siglo XVII llevó a los filósofos franceses, encabezados por Rousseau, a extender la idea de que todos los ciudadanos eran iguales y tenían derecho a la felicidad en este mundo, que debía ser «el mejor de los mundos posibles».

Por primera vez, en el siglo XVIII, y como fruto de la ilustración, aparece la idea de que la felicidad de los ciudadanos es el primer objetivo político de cualquier gobierno ilustrado.

Este cambio se vio reflejado en la vida cotidiana de la Corte, donde, junto a los grandes actos de liturgia religiosa, van surgiendo celebraciones más frívolas, como los bailes de máscaras, las partidas de billar, los conciertos de pequeños grupos de cá-

mara, en los que participaban los mismos reyes (como Carlos IV y María Luisa de Parma), o las fastuosas representaciones de ópera.

También tuvo su reflejo en toda la sociedad; en un siglo, la vida de los españoles había cambiado de manera destacada. Desde el último rey de la Casa de Austria, Carlos II, hasta Carlos IV, con el que terminaría el siglo XVIII, se habían producido cambios importantes en la sanidad, la higiene, los espectáculos, la alimentación, el vestuario, las relaciones sociales, los viajes y la capacidad de consumo.

Los reyes ilustrados organizaron las ciudades con nuevos criterios de salubridad. Se construyeron el alcantarillado y nuevas fuentes de agua potable, asimismo se edificaron grandes hospitales, como el de Atocha en Madrid.

La idea de felicidad

En esta *Vista de la calle de Alcalá* de Antonio Joli, de mediados del siglo XVIII, todavía podemos ver, al fondo, la antigua Puerta construida en honor de la esposa de Felipe III, Margarita de Austria, que sería sustituida por la nueva Puerta de Alcalá encargada a Sabatini por Carlos III.

7

Una transformación radical se produjo en el interior de las viviendas de las clases acomodadas, en las que comenzaron a aparecer muebles como el sofá, la cómoda, y la famosa *chaise longue*, que simbolizaban el lujo y confort de la vida moderna frente a la austeridad de los bancos de madera característicos de los siglos XVI y XVII.

El impulso del comercio y la mejora de las redes de caminos hizo posible que la alimentación comenzara a ser más variada. La costumbre de tomar chocolate a media tarde se convirtió en un momento apropiado para las tertulias. Este manjar había venido de Nueva España (actual México), donde los aztecas lo consideraban como un alimento de los dioses.

En el siglo XVIII nació la palabra «turismo», que viene de *Grand Tour*, el viaje por Europa que debían hacer todos los jóvenes de familias acomoda-

La pasión por el chocolate lo convierte en una auténtica «bebida nacional». Detalle de *La Chocolatada*, azulejos catalanes del siglo XVIII.

das que deseasen estar a la moda. Así, al cumplir los dieciocho años, muchos partían a conocer París, Roma, Florencia, Nápoles y Venecia, e incluso algunos de ellos se aventuraban a adentrarse en tierras de Grecia, dominadas todavía por las tropas del sultán turco. Los artistas podían aspirar al premio que daban las Reales Academias y que consistía en una estancia de tres años en Italia, uno de los cuales debían pasarlo obligatoriamente en la Ciudad Eterna.

También el teatro se vio influido por esa necesidad de optimismo y felicidad, naciendo los «sainetes» de Ramón de la Cruz, herederos de los «entremeses».

El galanteo se desarrolló como una costumbre social. Estaba bien visto que una dama tuviese un

La Real Academia de Bellas Artes de San Fernando, cuyo Salón de Actos vemos en la imagen, fue fundada en 1744, aunque no celebró su primera sesión hasta 1752, en el reinado de Fernando VI, de ahí su advocación a San Fernando. Con la llegada al trono de Carlos III, la imposición del nuevo arte extranjero, académico y cortesano, se refuerza; en este sentido, la Academia de Madrid desempeñará un papel fundamental a través de sus premios, concursos y pensiones en Roma y París.

9

Detalle de *La Tienda del Anticuario*, de Paret. Escena de género, con un claro contenido galante, donde el artista muestra su sentido de la observación y su refinada técnica, que le convierten en el más genuino representante del rococó español.

«petimetre», es decir, un joven que la galantease mientras que el marido se dedicaba a su trabajo y sus obligaciones sociales.

En cuanto al vestuario, los hombres adoptaron la «casaca», que era de origen militar francés y cuyos brillantes colores sustituyeron al negro, habitual en la ropa de los Austrias. La moda masculina alcanzó por primera vez en la historia a la femenina, tanto en diseño como en variedad.

Los bienes de consumo, como porcelana, tapices, cristal, mobiliario y platería aceleraron el proceso de bienestar en el hogar, empezando por la aristocracia para alcanzar más tarde a una burguesía comercial y artesana que iba, poco a poco, adquiriendo el poder económico que ya tenía en otras partes de Europa.

Los reyes políglotas

En el siglo XVIII se produjo el curioso hecho de que los reyes solían ser más cultos que la generalidad de la aristocracia española.

Con algunas excepciones, la nobleza carecía de la inquietud científica o literaria que manifestaban la aristocracia inglesa y la francesa, algunos de cuyos miembros apoyaban la *Enciclopedia* y el pensamiento de los «filósofos». En España era más frecuente el noble dedicado a la caza y otras diversiones más mundanas que intelectuales.

Al llegar al poder la Casa de Borbón, Felipe V intentó modernizar España a la imagen y semejanza de Francia. Las Reales Academias siguieron el modelo francés. Tanto las Letras como las Ciencias vivieron años de gran euforia. El rey protegía directamente su desarrollo, intentando evitar la burocracia y los privilegios de épocas anteriores. En el mismo palacio del Buen Retiro se instaló un Gabinete de Máquinas, con los últimos adelantos, como la «máquina de vapor», para que los inge-

---

La influencia francesa

A lo largo de su vida, Carlos III dedicó sin duda más horas a la caza que a las tareas de gobierno, aunque nunca descuidó el ejercicio del poder y supo elegir con acierto a sus principales colaboradores. *La caza del ciervo*, de Mariano Salvador Maella.

11

nieros pudiesen estudiarlas y mejorarlas. A escasos metros levantaba Carlos III el Gabinete de Historia Natural, para que los estudiantes de Zoología y Botánica tuviesen el mejor museo del mundo, convertido actualmente en el Museo del Prado.

Si de Francia nos llegó la Ciencia y la Filosofía, de Italia nos vendría el Arte. Recordemos que Isabel de Farnesio era italiana, su hijo Carlos III vivió los mejores años de su vida en Nápoles, antes de reinar en España, y su heredero Carlos IV era también italiano, como su esposa, la reina María Luisa de Parma.

En palacio se hablaba francés durante la primera mitad del XVIII, incluso Carlos III escribía siempre a sus padres en francés. En la segunda mitad todo cambiaría y en la Corte se comenzó a utilizar

Retrato de *Carlos III niño*, del pintor francés Jean Ranc. El artista nos muestra al futuro monarca en su cuarto de estudio, buscando la clasificación de una flor que sostiene en la mano, sin duda queriendo representar así su interés por las Ciencias Naturales. Jean Ranc fue el primero de una larga lista de artistas franceses que vendrían a España por encargo de Felipe V y que contribuirían a la introducción de las costumbres y la moda del vecino país en la Corte española.

el italiano, pues desde los ministros, como Grimaldi o Esquilache, hasta los arquitectos, como Bonavía, Ravaglio o Sabatini, todos los que desempeñaban un papel dominante venían de la tierra de Petrarca.

La Corona, en su deseo de modernización de las enseñanzas universitarias, intentó que las lenguas vivas fueran desplazando al latín en las universidades. En este sentido, se encargaron e hicieron traducir textos franceses al castellano. Y era común que las bibliotecas de los centros de enseñanza tuvieran obras publicadas en las principales lenguas europeas, destacando entre todas ellas el francés.

La influencia del francés continuó durante el siglo XIX, convirtiéndose en la lengua internacional europea.

La influencia italiana

Don José Moñino, conde de Floridablanca (1728-1808), en un retrato atribuido a Mengs. Tras el genovés Grimaldi llega a la Secretaría de Estado Floridablanca; fiscal del Consejo de Castilla, intervino directamente en la expulsión de los jesuitas: redactó la Pragmática de expulsión y, como embajador en Roma, participó en la redacción de la bula de extinción de la Compañía. En 1792 cayó en desgracia, acusado de defraudar al Estado. Aunque posteriormente fue absuelto, Floridablanca se retiró de la vida pública y no reapareció en ella hasta 1808, como presidente de la Junta Suprema Central.

2

Entre las modificaciones realizadas en El Escorial, posteriores a Felipe II, destaca la renovación llevada a cabo por Carlos III y Carlos IV en las dependencias llamadas «palacio de los Borbones», que constituyen un auténtico museo de mobiliario y artes suntuarias del siglo XVIII.

La residencia del rey
El Palacio Real, sede del poder absoluto

A través del estudio de los espacios arquitectónicos podemos acercanos a cómo fue la vida en tiempos pretéritos. En este sentido, el Palacio Real de los Borbones es un buen documento para adentrarnos en los hábitos y costumbres del siglo XVIII.

Hasta Felipe II, que estableció la capital de España en Madrid, la Corte era itinerante. Esto tenía, por un lado, la ventaja de que el Rey conocía de primera mano las diversas provincias en las que se asentaba y, por otro, la gran desventaja de su dependencia de la Iglesia y de los nobles que dominaban en cada una de las ciudades donde se instalaba la Corte.

Los Borbones volvieron a instaurar, en cierto modo, una Corte itinerante, pero esta vez el recorrido se efectuaba alrededor de Madrid, con des-

plazamientos a La Granja, El Escorial, El Pardo y Aranjuez como sucesivas estancias, desde el verano a la primavera siguiente.

De este modo, los palacios borbónicos triplicaron los espacios de los construidos por los Austrias. El Pardo y Aranjuez fueron ampliados, La Lonja de El Escorial se cerró con las Casas de Infantes y la tercera Casa de oficios. En Madrid se construyó el impresionante Palacio Real, sobre las ruinas del antiguo Alcázar Real, de origen árabe, que se incendió en la Nochebuena de 1734, quedando totalmente arrasado.

El Palacio Real, como todos los grandes palacios europeos del siglo XVIII, intentaba parecerse al Templo del Rey Salomón. Los tratadistas de arquitectura habían dibujado un gran edificio con patios cuadrados, que era como un modelo de ciudad autosuficiente, donde las calles serían los pa-

Sobre las ruinas del antiguo Alcázar Real de Madrid (en la imagen), destruido en 1734 por un incendio, se construyó el afrancesado Palacio Real.

15

sillos, y las plazas estarían configuradas por los patios interiores. Si recorremos las buhardillas del Palacio Real observaremos cómo quedan todavía centenares de viviendas, con sus cocinas de leña y habitaciones, que eran ocupadas por la legión de servidores de la Casa Real.

La vida del monarca y los infantes se desarrollaba en la planta noble, quedando el resto del inmenso edificio para los Alabarderos, Guardias de Corps, servidores de palacio y componentes de la burocracia del Estado. Todas las decisiones sobre los asuntos de la Corona española, incluidas las enormes extensiones de las colonias americanas, partían de este edificio, cuando en él residía la Corte.

En la ilustración, comedor de diario del Palacio Real de Madrid. Esta sala fue el Salón de Besamanos de la reina María Luisa de Parma. Posteriormente, fue utilizada como comedor de la Familia Real y de su séquito. Las consolas y rinconeras, de estilo Luis XVI, fueron realizadas en el siglo XVIII por los Talleres Reales. Los jarrones son de la Fábrica de Porcelana del Buen Retiro. Los candelabros y los relojes de bronce sobre las consolas son también del siglo XVIII.

El rey se levantaba temprano y trabajaba en su despacho con los diversos ministros hasta el mediodía. Luego venía la hora de la comida, en la que todos miraban cómo disfrutaba el monarca con los manjares que le servían. Los perros de caza rodeaban la mesa y comían los restos que se esparcían por el suelo.

El rey descansaba un rato, mientras que los sirvientes preparaban todo lo necesario para la cacería, que se repetía cada tarde, ya hiciese sol, ya estuviese cayendo un diluvio. Junto al Palacio Real se hallaban las Cocheras y Caballerizas Reales, eliminadas en 1931, en tiempos de la Segunda República.

Aunque los reyes sólo ocupaban el Palacio Real en Semana Santa y Navidad, la enorme mole del

La vida
en palacio

Carlos III tuvo siempre fama de llevar una vida ordenada y sistemática. A las doce comía en público, momento que aprovechaba para comentar los asuntos de la jornada. *Carlos III comiendo ante la Corte*, de Paret.

17

El Palacio Real

El Palacio Real de Madrid, cuya galería principal vemos aquí, constituye todo un símbolo del esplendor de la monarquía. Pretendía conjugar la expresión de poder y grandeza con una concepción práctica de residencia real y dependencias de gobierno. A la derecha, vista del Palacio y jardines.

Palacio se justifica porque las moradas reales eran, en la época, símbolo del poder de los reyes. Cuando llegaban a Madrid, los extranjeros sacaban la conclusión de que el país estaba perfectamente organizado, con una Hacienda muy saneada, para poder enfrentarse a una obra de tales dimensiones y costes. Este era precisamente el efecto que los Borbones deseaban producir: la nueva dinastía de origen francés había logrado consolidarse y modernizar la vieja monarquía española.

El Palacio Real nació como símbolo de una monarquía absolutista, en la que todo dependía del rey y de su capacidad de tomar decisiones acertadas. La comparación entre la magnitud del palacio y la de cualquier casucha o convento de los alrededores significaba la diferencia entre la figura del monarca y la de un ciudadano vulgar.

3

Las mujeres en la Corte borbónica
El poder político de las reinas españolas

A lo largo de la historia de España han existido mujeres, como Isabel la Católica, que por haber ceñido la corona han sido claves en la toma de las más importantes decisiones.

A lo largo del siglo XVIII, la influencia de las mujeres en la vida social y en la vida política se hace decisiva. Durante el reinado de Felipe V fue notoria la influencia de sus dos esposas María Luisa de Saboya e Isabel de Farnesio, la primera aconsejada por la princesa de los Ursinos.

Tras el fallecimiento de María Luisa de Saboya, Isabel de Farnesio tuvo que sustituir en la cúpula del poder al monarca, porque éste, durante algunos períodos de su vida, se confinaba en sus aposentos con una depresión tan profunda que le hacía rechazar hasta el aseo más indispensable. Nunca se cortaba las uñas de pies y manos, con lo que

Isabel de Farnesio **(1692-1766), retratada por Van Loo. Segunda esposa de Felipe V, era hija del príncipe de Parma, Eduardo III. Ambiciosa y de fuerte temperamento, supo dominar a su marido e influir en la política nacional. Su actuación estuvo siempre marcada por sus ambiciones personales: ver situados a sus hijos a la cabeza de los territorios italianos. Así, impulsó a Felipe V a reclamar la Corona de Francia y los ducados de Parma, Plasencia y Toscana para su hijo Felipe, y Nápoles para Carlos.**

el aspecto que daba a los embajadores extranjeros era absolutamente lamentable.

Isabel de Farnesio convirtió la Corte española en un escenario habitado tan sólo por italianos, desde su primer ministro Alberoni hasta el marqués de Scotti, encargado de traer de Parma todos los artistas que iban a trabajar en los Reales Sitios. En los palacios sólo se hablaba italiano. Es curioso recordar apellidos como Procaccini o Subisati, autores del palacio de La Granja, o de Juvara y Sacchetti, proyectistas del Palacio Real de Madrid, o de Giacomo Bonavía, que ideó la nueva población de Aranjuez, con su espléndido trazado barroco.

Los españoles vieron cómo los italianos dominaban muchos de los resortes del poder y los encargos más importantes. Lo que hizo que artistas y prohombres españoles tuvieran que esforzarse en aumentar su poder para rivalizar con ellos. Ha-

Isabel de Farnesio

Retrato de *Julio Alberoni*, de autor anónimo. Ministro de Felipe V, ascendió al poder de la mano de Isabel de Farnesio. Personaje muy controvertido, es para algunos inteligente y culto, un auténtico hombre de Estado, mientras que para otros es tan sólo un hábil intrigante. Para atender a las ambiciones dinásticas de la reina, llevó a cabo una política exterior agresiva (intento de ocupar Cerdeña y Sicilia) que acabó en fracaso ante la oposición de la cuádruple alianza (Inglaterra, Francia, Austria y Holanda). Ante las sucesivas derrotas, fue obligado a dimitir de su cargo en 1719, abandonando España.

cia 1775, la balanza se inclinó hacia los españoles; así Floridablanca, Ensenada y Campomanes tomaron las riendas del poder, y artistas como Juan de Villanueva, en arquitectura, y Francisco de Goya, en pintura, desplazaron a los italianos de los puestos de privilegio.

Isabel de Farnesio ejerció su influencia en España y también, de forma indirecta, en su país natal, al conseguir para su hijo Carlos III los ducados de Parma, Piacenza y Guastalla (1720), primero, y, más tarde, el trono del reino de Nápoles y Sicilia (1738).

Isabel de Farnesio fue quien inspiró la construcción del Palacio Real de Madrid, tras el terrible incendio del Alcázar de los Austrias en la Nochebuena de 1734. También fue la principal promotora de los palacios de La Granja y Riofrío. Desde que Felipe II iniciara la construcción del Monasterio de

El Palacio Real de la Granja, obra de los arquitectos Teodoro Ardemans y Juan Bautista Sacchetti, fue erigido por Felipe V sobre las ruinas de una hospedería del siglo XVI. Tanto las esculturas y fuentes que adornan los jardines como la decoración interior del palacio, cuya suntuosidad y riqueza podemos observar en el Salón del trono (a la derecha), son reflejo del gusto por la emulación de Versalles. El palacio fue ampliado según proyectos de Procaccini y Subisati.

El Escorial, nunca en España se habían emprendido obras de tanta magnitud. Ello se debió a una reorganización de la Hacienda Pública y a una rígida política de contratación de arquitectos y especialistas de construcción, admitiendo tan sólo a los mejores entre los que llegaban de Italia para encontrar fortuna en la Corte española. Decían los embajadores de Isabel de Farnesio que siempre estaba de buen humor, irradiando optimismo y pensando en la hora de la comida.

La otra reina que marcó la historia de nuestro siglo XVIII fue María Luisa de Parma, tantas veces retratada por Goya, que vino a España, en el año 1765, con apenas quince años, para convertirse en la esposa de su primo Carlos IV, cuando éste era todavía Príncipe de Asturias. Como no había rei-

Isabel de Farnesio era una gran aficionada a la buena mesa. Dicen que, cuando cazaba, se complacía comentando a la concurrencia cómo sus cocineros italianos iban a transformar en suculentos manjares las piezas cobradas en la cacería. En la ilustración, *Bodegón*, de Menéndez.

La Familia de Carlos IV

La Familia de Carlos IV, de Francisco de Goya. Magnífico retrato de la Familia Real, no sólo en sus rasgos físicos, sino también psicológicos. Aparecen representados, de izquierda a derecha: Carlos María Isidro, Goya en segundo término, el príncipe heredero (futuro Fernando VII), la infanta María Josefa, a su lado, una mujer con el rostro vuelto (que sin duda quiere representar a la futura princesa de Asturias), la infanta María Isabel, la reina María Luisa de Parma, el infante Francisco de Paula, el rey Carlos IV, su hermano don Antonio, la infanta Carlota Joaquina, el Duque de Parma y su esposa María Luisa con un hijo en brazos.

na en España, por el fallecimiento de María Amalia de Sajonia, esposa de Carlos III, nada más llegar a Madrid desde Nápoles, María Luisa se convirtió en el personaje femenino más influyente de la Corte, rivalizando en gusto artístico con la duquesa de Alba y la duquesa-condesa de Benavente Osuna. Entre estas tres mujeres se produjo tal competencia que se quitaban los artistas, jardineros y músicos de prestigio para conseguir ser las primeras en la cúspide social.

La falta de carácter de Carlos IV y su afición a las artes mecánicas y a la caza hicieron que, en cuanto subió al trono (1788), compartiera las labores de gobierno con su esposa, despachando incluso juntos con los ministros. Si el talante de la reina era más abierto, su talento de gobernante no era mayor que el del rey, lo que llevó a la real pareja a rodearse de consejeros poco idóneos y a tomar decisiones desacertadas.

María Amalia de Sajonia, **por Rafael Mengs. En 1738 contrajo matrimonio con Carlos VII de Nápoles y de Sicilia, futuro Carlos III de España. La primera esposa del monarca fue reina de España durante un período muy breve de su vida, pues murió en 1760, al año escaso de su llegada. De ahí que este retrato de Mengs fuese sin duda copia de alguno anterior, pues el artista fue llamado a España para pintar algunas de las bóvedas del Palacio Real en 1761.**

Extranjeros y espías en la Corte

Durante el siglo XVIII, España continuó siendo una monarquía muy poderosa, que poseía las ricas colonias americanas y con gran influencia en la política italiana.

Sin embargo, los destinos de España estuvieron en algunos momentos en manos de extranjeros. Recordemos que el primer rey de la dinastía Borbón era francés, y que nuestras reinas fueron italianas, portuguesas y alemanas.

En Madrid y los Reales Sitios se concentraban todos los embajadores extranjeros, con sus agentes de información, que enviaban regularmente noticias de la situación española a sus países de origen.

Durante los primeros años del siglo XVIII, los franceses habían dominado la vida española, te-

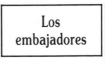

Los embajadores

Retrato de *Carlos III*, por Maella. Hijo de Felipe V y de su segunda esposa, Isabel de Farnesio, nació en Madrid en 1716. Duque de Parma (1731) y rey de las Dos Sicilias (1735-1759) con el nombre de Carlos VII, vino a España (1759) para suceder en el trono a su hermano, Fernando VI, hasta su muerte en 1788. Su reinado ha sido considerado como el símbolo del despotismo ilustrado español. Como monarca ilustrado se planteó llevar a cabo una serie de reformas, rodeándose para ello de ministros competentes. En un primer momento fueron italianos (Grimaldi y Esquilache) y luego serían españoles como Campomanes, Floridablanca y el conde de Aranda, entre otros. Por su educación, durante su reinado la influencia italiana predominaría sobre la francesa.

27

La Princesa de los Ursinos

La princesa de los Ursinos, Ana María de Trémoille (1642-1722). Antes de venir a España como camarera mayor de María Luisa de Saboya, primera esposa de Felipe V, la princesa de los Ursinos había sido la principal consejera de Luis XIV en los asuntos españoles. Contaba ya con casi sesenta años cuando llegó a la Península, pero conservaba su fuerte carácter y sus dotes para la política. Tuvo un gran poder hasta la muerte de la reina, en 1713. A ella se debió la elección de Isabel de Farnesio como segunda esposa de Felipe V, pero ésta, nada más llegar a España la mandó expulsar del país.

niendo una gran ayuda en la princesa de los Ursinos. Esta bella mujer se encargaba de infiltrar a personajes de la corte de Versalles en los lugares claves de nuestra estructura política y artística. Así, en aquellos comienzos del Siglo de las Luces, desde el Ministro de Hacienda, Orry, hasta los pintores de la Casa Real, como Van Loo, Houasse o Ranc, eran todos franceses.

Al morir la reina María Luisa de Saboya, primera esposa de Felipe V, que había estado totalmente sometida a la influencia francesa, se produjo un cambio radical en el mundo cortesano español.

La nueva reina era una mujer de fuerte carácter que, al encontrarse en Jadraque con la princesa de los Ursinos, que había llegado a recibirla, ordenó a ésta que se montase en su carroza y no para-

se hasta salir de España, donde no podría volver. A partir de ese momento fueron los italianos, sobre todo los provenientes de los ducados de Parma y Piacenza, quienes se irían infiltrando en la trama de la Corte española, desplazando a los franceses. El cardenal Alberoni sería el gran valido de aquella época y el marqués de Scotti el organizador de gran parte de la vida cotidiana cortesana.

En Madrid, los italianos ocuparon un barrio entero, el que se encuentra frente al actual Senado, en la plaza de la Marina Española. Dicho barrio se conoció en el siglo XVIII como la «Maestranza italiana» y allí se encontraban desde los mejores artistas que habían venido a construir palacios y

El embajador español Grimaldi y el ministro francés Choiseul firmaron en París, el 15 de agosto de 1761, el Tercer Pacto de Familia. Este tratado de ayuda mutua entre la Casa de Borbón fue confirmado pocos días después por Carlos III en el Palacio Real de la Granja de San Ildefonso, que vemos en la imagen.

decorar salones, hasta aventureros como el veneciano Casanova, que llegó a la Corte con fines inconfesables.

Si bien los italianos ocupaban los mejores puestos de la Corte española, la influencia de la Embajada francesa en Madrid fue decisiva para la firma de los sucesivos Pactos de Familia, entre ambas familias de la Casa de Borbón.

Los espías ingleses estaban atentos a la más mínima fisura entre los gobiernos de Francia y España, para intentar desequilibrar una asociación tan nefasta para los intereses británicos.

Si Francia, enemiga acérrima durante los siglos XVI y XVII, se había convertido en una nación amiga y en un modelo cultural que imitar, lo contrario había sucedido con Austria, regida por los Habsburgo, que se constituyó en la gran fuerza militar que había que vencer en Italia, para resguar-

dar nuestros intereses en la Lombardía, la Toscana y Nápoles.

El pueblo, movido por la alta nobleza, vivía con disgusto la gran influencia de los consejeros extranjeros del Rey. En el Motín de Esquilache (1766) se atacó a todos los italianos de la Corte, desde el ministro de Hacienda hasta el albañil más humilde. Posteriormente, en la Guerra de la Independencia, todo lo francés fue destrozado con la furia acumulada durante un siglo, el XVIII, en el que se había intentado cambiar el tradicional mundo del Siglo de Oro, por los aires mucho más modernos que venían de París.

Esta situación cambió a partir de la segunda parte del reinado de Carlos III. Figuras tan señeras como Campomanes, el conde de Aranda, Gaspar Melchor de Jovellanos pasaron a ocupar los puestos claves de la administración española.

El **Motín de Esquilache (1766)**, suscitado como reacción del pueblo madrileño a la prohibición de la capa larga y el sombrero redondo, fue en realidad la primera de una serie de revueltas urbanas contra la carestía de la vida y reivindicando, en primer lugar, el abaratamiento del precio del pan.

4

La Compañía de Jesús fue fundada en **1540** por Ignacio de Loyola en Roma. Esta orden religiosa sustituye el oficio coral por la oración mental y requiere que sus miembros tengan una elevada preparación intelectual. A los votos de pobreza, castidad y obediencia se suma el de la fidelidad al Papa, y su fundamento espiritual se halla en los *Ejercicios espirituales* de San Ignacio. La orden no tiene una misión específica, aunque preferentemente se centra en la actividad misionera y en la enseñanza. En la ilustración, Basílica de Loyola (Guipúzcoa), localidad considerada como la cuna de la Orden, pues allí nació su fundador.

La expulsión de los jesuitas

Durante el siglo XVIII, especialmente por influencia del filósofo Pascal y los jansenistas en Francia y por las antiguas rivalidades entre la Compañía de Jesús y otras órdenes religiosas en España, los políticos del reinado de Carlos III mantuvieron posturas francamente antijesuíticas.

La orden de los jesuitas proporcionaba el cargo de los confesores de la Corte y se encargaba de la enseñanza de los nobles, pero, al mismo tiempo, mantenía férreas posturas de adhesión papal y de defensa de su jurisdicción, en un momento en que el regalismo era la norma en las relaciones Iglesia-Estado.

La expulsión de la Compañía de Jesús de Portugal y Francia (1759 y 1756, respectivamente) no

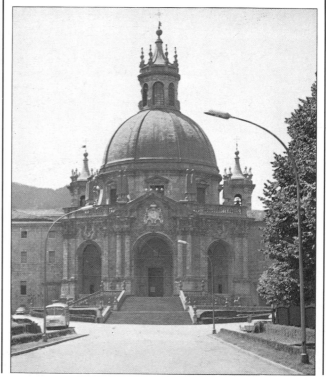

hizo nada más que acrecentar la presión de los enemigos de los jesuitas sobre el Rey. Se buscaron razones, falsas o ciertas, para echar leña al fuego y urgir la decisión real.

La supuesta participación de miembros de la Compañía en el Motín de Esquilache (1766) hizo que personajes tan influyentes como el conde de Aranda y Campomanes, entre otros, unieran sus esfuerzos e impulsaran al Rey a firmar la Pragmática de expulsión, el 27 de febrero de 1767, sin haber mediado juicio alguno.

Fueron unos 2.700 los jesuitas que se reunieron en varios puertos (Tarragona, Cartagena, Santander, etc.) esperando embarcar, primero, rumbo a Córcega (por haberse negado el Papa a acogerlos en los Estados Pontificios) y, posteriormente, a Ferrara y Bolonia.

También de América salieron unos 3.000 jesuitas durante el verano de 1776, dejando tan gran

La expulsión de la Orden

La Pragmática de expulsión de los jesuitas fue promulgada por Carlos III el 2 de abril de 1767. En la imagen, un grupo de jesuitas espera en Cartagena su embarque hacia Córcega.

En Roma, el 21 de julio de 1733, un breve del Papa Clemente XIV «suprime, deroga y extingue» la Compañía de Jesús. La ilustración recoge el momento en que el Papa comunica al embajador español la extinción de la Orden.

vacío en las misiones y colegios que regentaban que fueron numerosas las protestas y aun desórdenes promovidos por las personas a las que esta expulsión perjudicaba grandemente.

Tras la expulsión, las intrigas diplomáticas continuaron, primero con el pontífice Clemente XIII y luego con Clemente XIV, hasta lograr que éste, viendo amenazados sus estados con una ocupación armada, firmara el breve *Dominus it redemptor* (julio de 1773), por el que se extinguía la Compañía de Jesús. En 1814, Pío VII restableció la Orden, que volvió a instalarse en España en 1815.

Cuando Carlos III expulsó de los territorios españoles a los jesuitas, nadie opuso la más mínima resistencia. El Rey tomó a un franciscano, el padre Eleta, como confesor, y dio mucho dinero para la construcción de San Francisco el Grande, cedien-

do a los franciscanos a su propio arquitecto, Francesco Sabatini, para que resolviese la cubrición de la enorme cúpula, la mayor de la época, que nadie sabía cómo construir sin que se hundiese. También para los franciscanos construyó Carlos III el convento e iglesia de San Pascual Baylón, en Aranjuez, uno de los más bellos edificios de finales del barroco.

Las consecuencias para España fueron inmediatas: por una parte hubo un cambio importante en la enseñanza, tanto universitaria como en el bachillerato, y, por otra, el Estado dispuso de muchísimos edificios de la Compañía para crear bibliotecas, laboratorios, oficinas ministeriales, y otros espacios de uso público.

La expulsión de los jesuitas contó con el apoyo de un amplio sector de la Iglesia española. El monopolio de la enseñanza por parte de la Orden, las divergencias teológicas, e incluso los celos, habían llevado a otras órdenes religiosas a un enfrentamiento abierto con la Compañía de Jesús. En la ilustración, basílica de San Francisco el Grande, Madrid, obra de Francisco Cabezas y Francesco Sabatini.

También se requisaron todos los cuadros y demás obras de arte que irían a parar al Museo de la Trinidad y, más tarde, al Museo del Prado. El Colegio Imperial de los jesuitas, actual catedral de San Isidro, fue transformado en los Reales Estudios de Carlos III.

La Iglesia, que vio cómo perdía poder con la extensión de las ideas «ilustradas» fue inclinándose hacia los políticos más conservadores. En la Guerra de la Independencia buscó la unión con el pueblo para derrotar a los franceses, que tras su Revolución habían creado un estado laico que deseaban extender como modelo por toda Europa.

La expulsión de los jesuitas proporcionó a la Iglesia española y a la Corona los numerosos edificios que regentaba la Compañía de Jesús. La iglesia de San Isidro (en la imagen), antiguo templo barroco de los jesuitas, y los edificios anejos constituyen uno de los muchos ejemplos de edificios que fueron reutilizados por la Corona.

Para cotejar la importancia dada por los reyes a la religión, basta comparar el Escorial con el Palacio Real. En ambas edificaciones el espacio religioso se encuentra en el eje de simetría, pero mientras que en El Escorial todo gira alrededor de la inmensa basílica, en el Palacio Real tan sólo existe una reducida Capilla, en la cara norte, la más fría y desangelada, mientras que la vida palaciega se desarrolla en la cara sur, que recibe el sol por los balcones a la Plaza de la Armería.

Durante los reinados de la Casa de Austria España se vio poblada de centenares de conventos de frailes y monjas. Los Borbones apoyaron obras de uso público como museos, observatorios, hospitales, casas de correos y Reales Academias, como la de Bellas Artes de San Fernando en Madrid o San Carlos en Valencia.

Las consecuencias

El Gabinete de Historia Natural surgió por el encargo de Fernando VI a Antonio de Ulloa de recorrer España y otros países recopilando información de interés científico. Con Carlos III el Gabinete se traslada al actual Museo del Prado. Detalle del *Museo del Prado desde el Jardín Botánico*, de Brambilla.

A lo largo del siglo XVIII el toreo a pie desplaza al tradicional toreo a caballo y la fiesta de los toros, de hondas raíces mediterráneas, cobra el aspecto con el que ha llegado a nuestros días. *Corrida de toros*, por Goya.

Cultura popular frente a cultura oficial

Diversiones y moda

Durante el siglo XVIII, el pueblo español fue organizando un peculiar estilo de vida, haciendo caso omiso a la cultura afrancesada o italianizante que se le quería imponer, que se manifiesta en las diversiones, la moda y los hábitos sociales.

Cuando Carlos III prohibió todas las corridas de toros, excepto aquellas que tuvieran fines benéficos, el pueblo organizó más corridas que nunca, argumentando que los beneficios eran para los múltiples hospitales de las órdenes religiosas. Los mejores toreros, como Pepe-Hillo o Colmenares, surgieron en los tiempos de prohibición.

Cuando se prohibieron los autos sacramentales, con el argumento de que eran demasiado profanos y espectaculares, el pueblo reaccionó asis-

tiendo con fruición a las representaciones de los sainetes de Ramón de la Cruz y despreciando las moralizantes obras de los Moratín.

En aquellos años, en que las fiestas tradicionales estaban prohibidas para obligar al pueblo a una actitud más europea, se crearon las bases de la canción española, surgiendo en fondas y mesones las voces que crearon la copla, con letras satíricas que ridiculizaban a los afrancesados, como personajes blandos y cursis de un mundo copiado a los franceses.

Frente a la moda oficial de casacas y pelucas, el pueblo creó la imagen de la mujer con mantilla y peineta y los «majos» con redecilla a la cabeza para sujetar sus largas cabelleras.

Y lo curioso es que la cultura popular acabaría imponiéndose entre la aristocracia. La duquesa de Alba fue el prototipo de mujer noble amante de

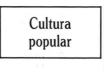

Cultura popular

Soldado con un majo de espaldas, de Lorenzo Tiépolo (1736-1776). Lorenzo colaboró en las obras de su padre Giambattista y de su hermano Domenico. Poco sabemos de su producción propia, con excepción de la magnífica serie de pinturas al pastel y temas de inspiración popular, a la que pertenece este cuadro.

todo lo popular, amiga de toreros y picadores, vestida con ropa española y defensora de todo lo autóctono. La misma reina María Luisa de Parma se aficionó a tocar la guitarra española, llegando a ser una gran intérprete.

Todo este ambiente de finales del XVIII se vio reflejado en los cartones para tapices de Goya, actualmente en el Museo del Prado, que nos muestran cómo vestían y se divertían los ciudadanos de la Corte, creando un universo romántico, que tanto apasionaría a los viajeros europeos que comenzaban a llegar a España, atraídos por este apasiona-

El Majo de la Guitarra, de Ramón Bayeu (1746-1793). La mayor parte de la producción de Ramón Bayeu se centra en los cartones para tapices, con escenas costumbristas, realizados para la Real Fábrica de Madrid, como el que aquí vemos, y que refleja la influencia de los temas populares en el arte cortesano; gusto por lo popular que lleva a la revalidación de un antiguo instrumento de origen árabe: la guitarra.

40

do enfrentamiento con la cultura afrancesada de todos los europeos de la época.

Por esta razón, cuando Napoléon invadió España, creyendo que encontraría un país tan desorientado e indolente como la Familia Real, descubrió bruscamente que el pueblo se organizaba en guerrillas, de forma extremadamente violenta, contra todo lo francés, descargando su ira de cien años contra los soldados napoleónicos. De nuevo Goya es quien nos deja el dramático testimonio de aquella orgía de sangre, con sus grabados de los «Desastres de la guerra».

En resumen, podemos afirmar que, a lo largo del siglo XVIII, se formó la cultura popular española, con hondas raíces trágicas, en la que se abrazan los dos polos extremos de la más desbordante alegría de vivir con un aplastante sentido de culpa, derivado de nuestra tradición religiosa.

Cultura popular

Y esto también, grabado de Goya (1746-1828) para la serie los «Desastres de la guerra». Gran parte de la producción artística del pintor aragonés se desarrolló en momentos muy difíciles para España, los dramáticos hechos vividos por Goya influirán de un modo decisivo en la evolución de su obra.

41

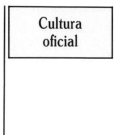

Tanto en ópera como en zarzuela la influencia italiana tuvo una enorme importancia. Con los primeros Borbones llegan a España grandes músicos italianos como Boccherini y Scarlatti. En la imagen, el Teatro Real de Madrid.

Ópera y teatro en los Reales Sitios

En el lugar ocupado hoy en día por el Teatro Real de Madrid existió, durante el siglo XVIII el llamado Teatro de los Caños del Peral, dedicado exclusivamente a las representaciones operísticas. El curioso nombre de Caños del Peral le venía de las fuentes de agua potable que manaban en los laterales del teatro y que, según se ha descubierto recientemente, provienen de un lago subterráneo que se halla debajo del Teatro Real.

En El Escorial se construyó el Real Coliseo, en el paseo de Floridablanca, comunicado con las Casas de Oficios por medio de un pasadizo para que el rey se protegiese de la lluvia y el frío. En Aranjuez también se levantó un teatro. Ambos fueron proyectados por un arquitecto francés, Jaime Marquet, también conocido por haber diseñado la Casa de Correos de la madrileña Puerta del Sol.

Como no existían compañías españolas de ópera, éstas llegaban a la Corte desde Italia, trayendo

la nueva moda de la «ópera bufa», mezcla de *bel canto* con textos humorísticos.

Existía en Italia una cruel costumbre que consistía en castrar a los niños que tenían buena voz para que conservasen durante toda su vida la tonalidad aguda de su infancia. El más famoso *castrati* fue sin duda Farinelli, que llegó a la Corte española para animar al deprimido Felipe V, y que permaneció en ella durante el reinado de su hijo Fernando VI y Bárbara de Braganza.

Farinelli no sólo cantaba con voz espléndida, sino que organizaba fabulosas fiestas en la Corte, cuya descripción se encuentra en un encantador manuscrito que se conserva en la Biblioteca Nacional. Las «Falúas Reales», que eran una especie de góndolas con adornos de oro y plata, surcaban el río Tajo con pequeñas orquestas que interpretaban a Scarlatti, Boccherini o Haydn.

Tan sólo durante el reinado de Carlos III quedaron interrumpidas las representaciones de ópera y

El cantante Farinelli organizó espléndidos espectáculos para Fernando VI en los que se producía una perfecta simbiosis entre arte, música y naturaleza. *Falúa Real* a su paso por Aranjuez.

teatro, debido a que el rey, tras quedarse viudo de María Amalia de Sajonia, tan sólo se relajaba saliendo a cazar cada tarde a los bosques de los Reales Sitios. En el reinado de su hijo Carlos IV y María Luisa de Parma, volvieron la música y el teatro a la vida cotidiana de la Corte española. La reina gustaba de tocar la guitarra, mientras que el monarca era un consumado violinista.

Para los conciertos en pequeños círculos el escenario ideal fueron las Casitas de El Escorial, El Pardo y Aranjuez, construidas por el genial arquitecto Juan de Villanueva, autor del Museo del Prado, obra maestra de la historia de nuestra arquitectura. En las Casitas no existían dormitorios, ya que sólo se utilizaban para pasar el día, escuchando e interpretando música o jugando a los naipes y las adivinanzas.

La Casita del Príncipe, San Lorenzo de El Escorial, obra de Juan de Villanueva. Construida en 1772 para el futuro Carlos IV, constituye un auténtico palacio en miniatura. La fachada principal (en la imagen) tiene un bello pórtico sostenido por columnas dóricas. Su interior está decorado por frescos y cuadros de Lucas Jordán y Corrado Giaquinto y alberga numerosas piezas de artesanía de las Reales Fábricas.

Las tertulias

En el Palacio Real se conserva un cuadro titulado *La barbería*, de Miguel Angel Houasse, pintado hacia 1720, y que refleja el ambiente relajado que reinaba en estos lugares durante el siglo XVIII.

Los hombres acudían a diario, no sólo para afeitarse la barba, sino para hacer lo mismo con sus cabezas, hasta dejarlas como bolas de billar. Esta costumbre, copiada de los franceses, tenía como finalidad el evitar los parásitos del cabello humano, que habían dado lugar a un sinnúmero de enfermedades y epidemias durante los siglos anteriores. Para tapar estas «cabezas rapadas», los franceses idearon la peluca larga, que caía por la espalda como una melena. Según fue avanzando el siglo la peluca se fue haciendo más corta y ligera, con lo que podemos datar cualquier cuadro de aquella época, siendo Felipe V el que la utilizaría más larga y su nieto Carlos IV, el que tendría las pelucas

Lugares de encuentro

La barbería, de Miguel Angel Houasse. Fue uno de los artistas franceses que vino a España por encargo de Felipe V. Además de por sus cuadros de costumbres, como el que vemos en la imagen, de refinado estilo rococó, Houasse es conocido por sus delicados paisajes.

Lugares de encuentro

En el siglo XVIII, el aspecto físico cobró gran importancia por la frecuencia de las reuniones sociales, tanto privadas como en los paseos y otros lugares de encuentro. Las modas se suceden con rapidez y son cada vez más caprichosas. En este detalle del cuadro de Ramón Bayeu, *El Paseo de las Delicias*, podemos observar cómo iban vestidos dos caballeros de la época de Carlos III: calzón corto, escarpines con hebilla de plata, peluca sobre el pelo natural y sombrero recogido en tres picos. El caballero de la izquierda lleva todavía la capa larga, a la antigua usanza, que sería abolida por Esquilache.

más pequeñas. Este adorno desaparecería tras la Revolución Francesa, pues representaba un vestigio del Antiguo Régimen.

En las barberías se producían las conversaciones más variadas. Desde problemas cotidianos hasta discusiones de alta política, todo tenía cabida en estos locales, de finalidad esencialmente higiénica. Se leían las gacetas que comenzaban a informar de cuanto sucedía en el mundo, y que eran los antecedentes de los actuales periódicos. Se comentaban las nuevas ideas que llegaban de Francia y que propugnaban la igualdad y la fraternidad entre los hombres. Se describían fantásticos inventos, como la máquina de vapor, que algún viajero había podido contemplar en Inglaterra o se narraban las peripecias de los años en Roma de algún artista. Otro lugar de encuentro e intercambio de ideas fueron las reboticas.

Tiempo de leer

La flamante Biblioteca Nacional se formó inicialmente con los libros incautados a los que perdieron la Guerra española de Sucesión, es decir, los que defendían la continuidad de los Austrias frente al nieto del rey de Francia.

Felipe V hizo almacenar libros de diferentes procedencias en un edificio anejo al Alcázar madrileño, que se hallaba en la zona que ocupa hoy la plaza de Oriente; logrando así reunir una serie de colecciones bibliográficas excelentes.

Sus hijos Fernando VI y Carlos III aumentaron la colección con nuevas compras y con ediciones propias, ayudando a la edición de libros de arte y científicos, relacionados estos últimos con todos los viajes y expediciones científicas que se organizaron a las tierras de América.

Los libros

Detalle de la fachada de la Biblioteca Nacional. En 1712, Felipe V fundó, con el nombre de «Librería Pública», la Biblioteca, decretando que todos los autores, impresores y editores hicieran donación de ejemplares de sus publicaciones. En 1896, fue trasladada a su actual edificio, obra de Francisco Jareño.

La correspondencia con el extranjero, en particular con intelectuales franceses, fue muy intensa a lo largo del siglo XVIII. Sobre estas líneas, Jean-Baptiste D'Alembert (1717-1783). Comenzó a colaborar en la *Enciclopedia* escribiendo sobre temas científicos. En 1747 fue nombrado codirector con Diderot, encargado de la parte de matemáticas y física.

Aunque la literatura española del siglo XVIII no alcanza las cotas de originalidad y calidad de la del siglo anterior, sí se escribieron, sin embargo, obras de Botánica, Astrología, Geografía y Arquitectura, que estaban a la altura de sus homólogas europeas, y que nos muestran el interés de los españoles por la realidad y la observación del funcionamiento de la Naturaleza.

Se pusieron de moda los libros de grabados sobre las ciudades italianas, donde se recogían tanto las ruinas como las nuevas edificaciones. Eran como las actuales guías turísticas, pero con el nivel artístico de los mejores dibujantes y grabadores del siglo, entre los que el más famoso sería Piranesi.

Aunque el 80 por ciento de los libros que se editaron en el siglo XVIII seguía siendo de tema religioso, empezaron a aparecer en las bibliotecas, junto a novelas y poesía, temas tan novedosos como los que la aristocracia española más culta adquiría, preciosos libros sobre arqueología: Herculano, Pompeya, Roma, etc., y como los que empezaban a publicar los británicos sobre las ruinas griegas de la Acrópolis, controladas todavía por los invasores turcos, y los jardines y arquitecturas de China, dadas a conocer por William Chambers, arquitecto y antiguo viajero de la Compañía británica de las Indias Orientales.

Esta fascinación por los países lejanos siempre había existido, pero nunca se había producido esta explosión de ediciones artísticas, con grabados fidedignos, que tenían ese encanto poético del que carecen los actuales libros fotográficos.

Sin embargo, la gran controversia surgió con la famosa *Enciclopedia*, editada por Diderot y D'Alembert. La *Enciclopedia* era el primer intento serio de juntar en una colección de libros todos los conocimientos del hombre hasta ese momento. Desde el principio, la Iglesia, y sobre todo los jesuitas, se opusieron a su difusión, porque se daban cuenta de que perdían la llave del poder. En la Edad Media, la Iglesia había sido la conservadora de la cultura y sin ella todo hubiera quedado reducido a un *tabula rasa*, pero en el XVIII la Iglesia se asustó del movimiento científico y condenó la lectura y posesión de la *Enciclopedia*. En España, la Inquisición persiguió a muchos ilustrados por el mero hecho de haber tenido en sus manos la *Enciclopedia*. Desde luego la Iglesia más reaccionaria perdió el tren del progreso, permaneciendo anclada en su vieja forma de actuar.

La afición a la lectura, en suma, fue ganando cada vez un mayor número de adeptos entre las clases dirigentes de la España del siglo XVIII. De modo que, lo que había sido una actividad casi exclusiva del clero, se fue convirtiendo paulatinamente en práctica común de sectores sociales laicos cada vez más importantes.

Los libros

Aunque Voltaire y Rousseau no tuvieron más relación en común que su colaboración en la *Enciclopedia*, esta representación alegórica nos los muestra juntos conducidos por la Razón hacia el templo de la Inmortalidad.

6

En el siglo XVIII, el puerto de Cádiz desplaza al de Sevilla en el comercio con América. En la imagen, grabado del puerto gaditano en la época que nos ocupa.

Las dificultades para viajar
La partida a Italia de Carlos III

El viaje de Carlos III desde Sevilla hasta Parma, para tomar posesión de la herencia materna de los Farnesio es un claro ejemplo de los problemas que planteaba viajar en el siglo XVIII.

La Corte residió en Sevilla desde 1729 hasta 1731 a causa de la melancolía de Felipe V, que intentaba paliar con la alegría de las tierras andaluzas. En 1731 se despedía Carlos III, que contaba tan sólo con quince años, de sus padres, Felipe V e Isabel de Farnesio, para encaminarse a Italia.

El trayecto más corto hubiera sido partir de Cádiz para llegar a las costas de la Toscana, pero todos los barcos del puerto de Cádiz se dirigían a las colonias americanas y el infante don Carlos tuvo que ir a Valencia, para buscar algún medio de salir al Mediterráneo.

Cuentan las crónicas que los caminos eran tan malos que las lluvias hacían que todo quedara embarrado, llegándose a invertir una jornada en re-

CÁDIZ

correr apenas diez o quince kilómetros. En ocasiones, la comitiva comía lo que cazaban el rey y sus acompañantes, sobre todo liebres. Al llegar a las distintas poblaciones de Andalucía y La Mancha para pernoctar, era problemático encontrar un alojamiento decente, ya que hasta las personas acomodadas vivían en unas condiciones de higiene casi medievales.

El futuro rey pudo, sin duda, comprobar que España estaba aún alejada años luz de ese mundo idílico del que le habían hablado sus preceptores y que la distancia entre el ideal y la realidad era muy difícil de salvar.

Ni en Valencia, ni siquiera en Barcelona encontró el infante barcos para dirigirse a Italia. Al menos, le serviría tan largo recorrido por la costa medite-

Interior con rezo del rosario, de Luis Paret y Alcázar. Lejos de sus cuadros costumbristas de tipo cortesano, el artista nos muestra aquí, con gran detallismo, la crudeza de las condiciones de vida en las viviendas humildes.

51

Durante el reinado de Carlos III, se inició la construcción de los llamados Caminos Reales, que son la base de la actual red de carreteras españolas. *El otoño*, de Antonio Viladomat.

rránea para conocer a los pueblos que se habían enfrentado tan valientemente al centralismo de su padre Felipe V.

Carlos III tuvo que dirigirse ahora a la costa mediterránea francesa. En dicho recorrido el monarca cogió un catarro tan fuerte que degeneró en pulmonía. Los médicos tuvieron el acierto de obligarle a descansar antes de embarcarse en una pequeña flota inglesa que, en señal de concordia, había ofrecido el rey de Inglaterra.

Los barcos salieron de Antibes con mar en calma, pero, a las pocas horas, la situación empeoró de tal modo que las naves estuvieron a punto de naufragar. No obstante, el día siguiente de Navidad, llegaba al fin Carlos III a Livorno, el puerto marítimo de la Toscana, transcurridos dos meses de agotador viaje.

Sin duda el conocimiento de las vías de comunicación y de la pobreza de España supusieron para el futuro monarca una información de primera mano que utilizaría más tarde en su programa de reformas ilustradas.

Juan de Villanueva en Nápoles

Otro viaje, que puede servirnos para ejemplificar lo aventurado que resultaba viajar en el siglo XVIII, es el del arquitecto Juan de Villanueva, famoso, entre otras realizaciones, por ser el autor del Museo del Prado. Villanueva había recibido el Premio de Roma de la Academia de Bellas Artes. Después de estar en la Ciudad Eterna los tres años convenidos, se dispuso a visitar Nápoles, donde reinaba un hijo de Carlos III, y conocer de primera mano las obras de Caserta, el palacio más grande del mundo, que dirigía el viejo arquitecto Luigi Vanvitelli, considerado como el gran genio de la primera mitad del siglo XVIII.

Cuando Villanueva llegó a Nápoles se llevó la mayor desilusión de su vida. Primero se encontró

> **Una estancia en Italia**

En el Palacio Real de Nápoles, cuya fachada vemos en la imagen, residió Carlos VII de Nápoles y Sicilia, futuro Carlos III de España.

53

Lectura del ritual iniciático a los misterios dionisíacos, fresco perteneciente a la Villa de los Misterios de Pompeya. Las ruinas de Pompeya fueron descubiertas en 1748 por un campesino que halló en ellas algunas esculturas. A partir de entonces comenzaron las excavaciones, bajo los auspicios de Carlos III, que, intensificadas en el siglo XIX, han permitido reconstruir la vida cotidiana de esta ciudad. El interés por la Antigüedad clásica, en el siglo XVIII, llevó a muchos artistas a especializarse en la pintura de ruinas, especialmente de la Roma Antigua.

con enormes dificultades para visitar las fabulosas ruinas de Herculano y Pompeya, ya que tan sólo se concedía permiso para un corto recorrido y estaba absolutamente prohibido llevar lápiz y papel para tomar apuntes. Cuando Villanueva llegó a Caserta, a cuarenta kilómetros de Nápoles capital, se encontró con el palacio convertido en hospital, debido a una epidemia de peste que se había mantenido en secreto. Hubo de salir corriendo para no contagiarse, pero a su vuelta a Barcelona tuvo que permanecer tres meses en cuarentena sin bajarse del barco, porque en España se conocía ya la virulencia de la peste napolitana.

Esta historia, y otras muchas que podían contarse, nos dan idea de la enorme dificultad que planteaban los viajes en el siglo XVIII.

Transportes y comunicaciones

El transporte era tan difícil que para trasladar los peldaños de la escalera del Palacio Real, que se habían labrado en las canteras de Robledo de Chavela, cerca de El Escorial, se tardó casi medio año, porque las carretas de bueyes se quedaron atrapadas por el fango a la altura de Zarzalejo y Peralejo, pequeñas poblaciones muy cercanas a Valdemorillo. Todo un ejército de albañiles esperaron meses y meses en palacio, con las manos caídas, la llegada de esos peldaños para poder empezar la escalera. Mientras tanto, el rey Carlos III y la Corte habitaban un palacio sin escalera principal, teniendo que utilizar las de segundo orden.

Los problemas de transporte aumentaban enormemente en invierno, con días cortos que obligaban a realizar pequeños trayectos, a menudo interrumpidos por los fenómenos meteorológicos adversos. Si no llegaban los materiales de cons-

El mal estado de los caminos y los rudimentarios medios de transporte, hacían que éste estuviera totalmente determinado por las condiciones meteorológicas. *La Nevada*, de Goya.

Ascensión de un globo Montgolfier en Aranjuez, de Antonio Carnicero. Los hermanos Joseph y Etiénne de Montgolfier nos sirven como ejemplo del espíritu de curiosidad científica de la Ilustración. Industriales del papel, pero más conocidos como inventores, su fama se debe a la invención del globo aerostático que lleva su nombre. En 1783, realizaron en Versalles, ante el rey y la Corte, su primera demostración pública. La ascensión fue un éxito y las demostraciones se multiplicaron. En España la primera experiencia aerostática fue llevada a cabo en los jardines de Aranjuez por el francés Bouclé, momento que recoge el cuadro de Carnicero.

trucción para el nuevo palacio, tampoco era fácil la llegada de carretas con alimento y productos manufacturados. Por esta razón, la llegada de la primavera era festejada como el gran acontecimiento del año. La luz del sol permitía utilizar la ciudad también por la tarde y las casas y palacios comenzaban a calentarse sin tener que acudir a la tala indiscriminada de los bosques cercanos de encinas.

El interés por la mejora de los transportes en la época que nos ocupa se manifiesta en las investigaciones que se llevaron a cabo y que desembocaron en la fabricación del primer globo aerostático de los hermanos Montgolfier (1783), entre otros curiosos inventos, asombrando primero a sus compatriotas franceses y luego a toda Europa. Esto significó el principio de los vuelos aéreos, el primer

Este cartón para tapices, *Las Floreras*, de Goya en su primera época, nos muestra una idealización de la vida campesina. La primavera, símbolo de la renovación, era sin duda uno de los momentos más esperados del año.

antecedente serio de la aviación moderna. Los hermanos Montgolfier eran fabricantes de papel. Un buen día observaron que los papeles quemados volaban en espiral por encima de una hoguera. Pensaron que podrían fabricar un globo de tela y papel, recubierto de alumbre para evitar que se prendiera fuego, y hacerlo subir hacia el cielo, calentando el aire interior del globo con una gran masa de paja ardiendo.

En Aranjuez y El Retiro se hicieron demostraciones de los globos Montgolfier, recogidas por los pintores y cronistas de la época como uno de los acontecimientos más espectaculares del siglo.

También referido a la mejora de las comunicaciones, hay que recordar el primer puente de hierro, construido en 1779 sobre el río Severn, en Inglaterra. A partir de entonces, se fue extendiendo por Europa la técnica del hierro aplicada a la ingeniería, permitiendo salvar obstáculos que incomunicaban las diversas regiones del Viejo Continente.

Nuevos inventos

La construcción de puentes, junto a la adecuación de los caminos, supuso sin duda un impulso para del transporte y el intercambio de mercancías. En la imagen, el Puente de Toledo de Madrid. El proyecto de ampliación y renovación técnica del antiguo puente de salida hacia Toledo fue llevado a cabo por el arquitecto Pedro de Ribera entre 1719 y 1724.

7

Neoclasicismo contra rococó
Pintores y arquitectos en la Corte

En la última mitad del siglo XVII, y bajo la influencia de artistas como Ribera o los Churriguera, España se cubrió de monumentos barrocos, de recargada decoración y formas retorcidas, que dieron origen al arte rococó; frente a este recargamiento, surgen los partidarios de formas equilibradas, del predominio de la razón sobre el sentimiento y de la línea recta sobre las curvas sinuosas del Barroco.

La muestra más importante del «rococó» europeo se encuentra en Madrid, precisamente en la Sala Gasparini del Palacio Real, que, decorada en tiempos de Carlos III por súbditos napolitanos, es la culminación de aquel mundo visual de curvas naturalistas.

En la arquitectura del siglo XVIII, podemos distinguir con claridad el período barroco, de la primera mitad de la centuria, en el que se levantaron

Antecámara de Gasparini, del Palacio Real de Madrid. En época de Carlos III era en esta sala donde cenaba y conversaba el monarca.

los palacios de La Granja, el Puente de Toledo o la iglesia de Montserrat, del Neoclasicismo de final de siglo, con las obras cumbres del Observatorio Astronómico y el Museo del Prado. Los neoclásicos habían vencido tras largos años de lucha, defendiendo el espíritu de las ruinas de Roma y de la Acrópolis, con sus perfectas proporciones, y la utilización de los órdenes clásicos, como referencia platónica al mundo de la sabiduría.

En pintura, la lucha fue mucho más dura. En el Palacio Real trabajaban numerosos pintores barrocos, entre los que destacaba Corrado Giaquinto, un napolitano encargado de decorar las bóvedas de la escalera principal y del Salón de Columnas. Con Carlos III llegó Giambattista Tiépolo, el veneciano más famoso del siglo XVIII. Tiépolo pintó,

Fachada de la iglesia de Montserrat de Madrid, (erigida hacia 1720), obra de Pedro de Ribera.

El ciego músico, óleo de Ramón Bayeu. **Cuando Rafael Mengs llega a la Corte organiza con los hermanos Bayeu y otros artistas un equipo de pintores que emprendería grandes obras de decoración (el Pilar de Zaragoza, San Francisco el Grande de Madrid). También fue fundamental su influencia en la Fábrica de Tapices, donde sustituyó los temas flamencos por escenas costumbristas y vistas de Madrid.**

con su paleta colorista, los techos del Salón del Trono, de la Saleta y de Alabarderos.

La llegada de un artista de Bohemia, Antonio Rafael Mengs, cambiaría por completo el panorama de la pintura española. Se había educado en el Neoclasicismo, en Roma, y sus teorías impresionaron a Carlos III, que le situó al frente de la Academia de Bellas Artes, la Real Fábrica de Tapices y los pintores de la Familia Real. Mengs se enfrentó a los pintores italianos que trabajaban en España, consiguiendo que casi todos ellos se marcharan a su país. Se rodeó de jóvenes talentos españoles, como Maella o Francisco y Ramón Bayeu, los cuñados de Goya. Con ellos ideó el nuevo programa de cartones para tapices, con temas populares españoles, que llevaría a la Fábrica de Santa Bárbara a situarse entre las más creativas de Europa.

La costumbre de premiar a los mejores estudiantes de arte de las Academias españolas con el «Premio de Roma», para que acudiesen a la Ciudad

Eterna, bajo la condición de efectuar envíos periódicos de sus dibujos de las diferentes ruinas, desperdigadas por sus pintorescos rincones, hizo que los más notables artistas se formaran en el Neoclasicismo, ya que Roma se había convertido en la ciudad modélica de este estilo, de este modo España se cubriría de obras de arte neoclásico.

Hasta en el diseño de relojes de mesa se notó la victoria del Neoclasicismo, apareciendo templetes clásicos de maderas y metales preciosos, que eran como preciosas maquetas de los palacios y pabellones que se levantaban en los Reales Sitios.

Tan sólo, al finalizar el siglo XVIII, Francisco de Goya rompería con la rigidez y frialdad de la figuración neoclásica, introduciendo la pasión y el sentimiento en la pintura.

Las fábricas del rey
El desarrollo industrial en las artes suntuarias

El empresario más importante de la España del siglo XVIII era el rey, quien, con el dinero de la Hacienda, sufragaba los gastos de diversas industrias relacionadas con la vida cotidiana de sus palacios.

El modelo que seguir era otra vez Francia. La Real Fábrica de Tapices de Santa Bárbara imitaba a la de los Gobelinos y la Real Fábrica de Porcelana del Buen Retiro intentaba emular el éxito de la porcelana de Sévres.

En La Granja de San Ildefonso se instaló la Real Fábrica de Cristal, para manufacturar las lámparas que colgarían de los techos de los reales palacios, evitando la costosa importación desde Venecia.

Enfrente del Museo del Prado se instalaron las Reales Platerías de Martínez, que, bajo protección

El interés de los monarcas ilustrados por fomentar una industria nacional y el gusto por las artes decorativas, les llevó a la creación de centros especiales dedicados a tapices, porcelanas, cristales, etc. Así, la creación de la Real Fábrica de Porcelana del Buen Retiro, de donde procede este grupo de amorcillos, de finales del siglo XVIII, que vemos en la ilustración.

real, fabricaban las cuberterías y objetos de plata que se usaban en las mesas de la Familia Real y de la más alta aristocracia.

Los reyes de la Casa de Borbón, y sus esposas italianas, deseaban que sus fábricas produjesen los objetos más bellos del mundo, con las técnicas más avanzadas. En una España atrasada por siglos de inoperancia industrial, la instalación de estas empresas, que aunaban tecnología con arte, tuvo una enorme significación.

En el momento actual, tan sólo se mantiene idéntica la Fábrica de Tapices, que sigue tejiendo las obras que Francisco de Goya ideó durante el reinado de Carlos III, junto a sus cuñados Francisco y Ramón Bayeu.

Manufacturas Reales

Este conjunto de vidrios procede de la fábrica de cristales que Felipe V ordenó crear, junto al Palacio de La Granja, para atender las necesidades decorativas del palacio y fomentar una cristalería de calidad.

El antiguo tocador de la reina María Cristina, del Palacio Real de Madrid. En esta sala se exponen nueve tapices de la Fábrica de Santa Bárbara, tejidos según cartones de Goya. En el centro, podemos ver *La gallina ciega*. Las dos consolas del siglo XVIII, que amueblan la sala, fueron realizadas en madera tallada y dorada en los Talleres Reales.

Los tapices, que servían para aislar de las húmedas paredes de palacios y caserones, contribuían, junto a braseros y chimeneas, a paliar el frío. En la época de Carlos V, el emperador viajero, los tapices se transportaban con la comitiva real y se instalaban cada noche en el interior de la tienda de campaña, o en las habitaciones que algún distinguido ciudadano había cedido durante los días de estancia de la comitiva en su población.

En el siglo XVIII, los tapices seguían siendo indispensables para el bienestar de la Corte. La Real Fábrica los tejía constantemente, pues los palacios crecían y crecían, con las ampliaciones de Carlos III. Tanto El Pardo, donde pasaban los reyes el invierno, como El Escorial, donde residían en otoño, fueron decorados con tapices de Goya, de temas populares, que reflejan la vida cotidiana de aquellas españolas que habían impuesto la moda de la mantilla, el abanico y la peineta, y de aquellos «majos» que se recogían el pelo con la famosa redecilla.

La alegría de vivir, tan típica del siglo XVIII, se transmite a través de estos tapices, que contrastan con el colorido y temática de los de siglos anteriores, como los de La Granja, con temas bíblicos y mitológicos de estilo barroco y oprime.

En los jardines del Buen Retiro, en el lugar que ocupa hoy en día la estatua del demonio, llamada «El ángel caído», se instaló la Real Fábrica de Porcelanas y Piedras Duras. Como dato curioso, cabe señalar que el arquitecto fue un joven negro, que había sido esclavo personal de Carlos III, cuando era rey de Nápoles, y que había sido educado en el dibujo y las técnicas constructivas con tanto esmero, o más, que a los mismos infantes. Este arquitecto recibió el nombre de Antonio de Borbón, pasando de ser esclavo a poseer el apellido de la Familia Real. Llegó a proyectar las Reales Caballerizas en la zona de los bulevares de Alberto Aguilera, construidas después por Sabatini en la calle Bailén. Este personaje desapareció luego misterio-

Además de las fábricas dependientes de la Corona, o Manufacturas Reales, también se crearon fábricas de iniciativa privada, aunque con protección estatal, para satisfacer la demanda de artículos de lujo, tanto por parte del Estado como de las clases privilegiadas, es el caso de las fábricas de porcelana de Alcora o Manises. En la imagen, porcelana de Alcora, de mediados del siglo XVIII.

samente del mapa, nos imaginamos que eliminado por los arquitectos españoles e italianos que veían cómo se quedaban sin trabajo, al dar Carlos III todos los encargos a su muy apreciado esclavo, transformado por él en un flamante arquitecto.

La Fábrica de Porcelana fue conocida popularmente como «La China», porque conseguía producir tazas, soperas y platos de calidad muy parecida a la mítica porcelana china, que durante siglos había conseguido mantener en secreto las fórmulas químicas, hasta que la fábrica alemana de Meissen descubrió el caolín, como el componente esencial de la mezcla para meter en el horno.

Con porcelana del Buen Retiro se decoraron las salas de Aranjuez y el Palacio Real, utilizando en la primera imágenes chinescas, que estaban muy de moda en el siglo XVIII.

Salón japonés del palacio de la Granja de San Ildefonso. Los motivos decorativos son de inspiración japonesa (plantas, pájaros, embarcaciones), pero hay paredes cubiertas por frescos con escenas bíblicas, realizadas por el pintor italiano Giovanni Paolo Pannini (1691-1765).

La obsesión por los relojes y la Astronomía

La industria relojera se desarrolló mucho durante el siglo XVIII, ya que de la precisión de este instrumento en la medida del tiempo, dependía incluso la victoria en algunas batallas, especialmente las marinas, en las que los ingleses eran siempre los triunfadores, entre otras cosas, porque habían inventado el «cronómetro marino», que se mantenía funcionando a pesar de los vaivenes de las olas. Ningún otro país disponía de este aparato, que permitía a los británicos conocer con exactitud su posición en el mar, restando la hora que marcaba el sol y la hora de su «cronómetro», que indicaba la de Londres. Mientras que los barcos españoles andaban medio perdidos por el Atlántico, los ingleses tenían idea exacta de dónde y cuándo iniciar la batalla.

Las pocas veces que se lograba capturar un barco inglés, se tomaba el «cronómetro» para que nuestros relojeros intentasen copiarlo, aunque fue-

El cronómetro marino

A lo largo del siglo XVIII, se realizaron importantes avances en la ciencia astronómica. En la imagen, cronómetro y sextante, que, a finales del siglo XVIII, permitían ya determinar con facilidad la longitud.

ron los franceses los primeros que consiguieron una imitación que funcionara.

Carlos III creó una escuela de relojería en Madrid, con profesores franceses y españoles, que lograron alcanzar un elevado nivel. Su hijo, Carlos IV, compraba cuantos relojes de mesa se le ofrecían, aprovechando que la Revolución Francesa había expropiado los bienes de la Monarquía francesa y se vendían por las almonedas de toda Europa.

Los relojes no sólo marcaban la hora, sino que exhibían ingeniosos mecanismos, con pastores que tocaban la flauta en los cuartos de hora, temas mitológicos como la Fragua de Vulcano en pleno movimiento, o planetarios que demostraban el

En la ilustración, reloj en bronce dorado, realizado por Jean-Baptiste Baillon, en el último tercio del siglo XVIII.

discurrir de nuestro sistema solar, tal como lo concebían en el siglo XVIII. De hecho, en los primeros años del desarrollo de la relojería, los mejores relojeros eran al mismo tiempo excelentes fabricantes de armas y cerraduras, ya que era imprescindible el dominio de los muelles, de las ruedas dentadas y de todo tipo de mecanismos en movimiento.

Era tan grande el amor de Carlos IV por su colección de relojes que, cuando tuvo que ir a Bayona para entregar el trono de España a Napoleón, lo único que llevó consigo fue su colección, que recorrió el sur de Francia y toda Italia, pasando por el Palacio Barberini de Roma, donde murió su esposa, María Luisa de Parma. Dicen que sólo le curaba la melancolía dar cuerda a sus numerosos relojes, comprobando su perfecto funcionamiento.

Reloj monumental en mármol y bronce dorados, obra del relojero francés Godon, que se halla en el Salón del Trono del Palacio Real de Madrid.

9

Jardín del Palacio de la Granja de San Ildefonso con la fuente llamada *Baño de diana.*

El regreso a la Naturaleza
Bosques y jardines de la Familia Real

En el siglo XVIII el campo se puso de moda. La aristocracia de toda Europa plantó preciosos jardines paisajistas, con lagos, cascadas, islas y puentes románticos, que intentaban reproducir las pinturas de artistas como Hubert Robert o Claudio de Lorena, y, por esta razón, recibieron el nombre de «jardines pintorescos».

Todo lo que aparecía en los cuadros, como ruinas, templetes de dioses mitológicos, caminos misteriosos, colinas sinuosas o árboles de países exóticos, se intentaba reproducir en estos jardines que revolucionaron el concepto de los espacios verdes.

Hasta entonces se trataba a las plantas sin ninguna compasión, maltratándolas con las tijeras de

podar, para darles formas simétricas, como esferas, pirámides o conos. Los jardineros del siglo XVIII se enamoraron de la Naturaleza y sus leyes asimétricas, intentando aprender de ella en vez de obligarla a adoptar formas geométricas.

El ejemplo más espectacular que tenemos de aquellos jardines paisajistas es el del Príncipe en Aranjuez, a orillas del caudaloso Tajo, cuyas aguas sirvieron no sólo para regar las plantaciones, sino para la espectaculares fiestas en el río, con las «Falúas Reales», inspiradas en las góndolas venecianas.

Como un intento más de la búsqueda del equilibrio, que es una de las ideas clave del pensamiento en el siglo XVIII, está la búsqueda de la Naturaleza, que en ocasiones cobra un sentido panteísta. Los jardines se adornaban con fuentes y estatuas

Puerta de entrada al Jardín del Príncipe, del Palacio Real de Aranjuez. Rodeado por el río Tajo, se le asignaron departamentos para floricultura, invernaderos, huertas y viveros.

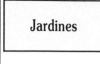

Fuente y estatuas del Jardín de la Isla, del Palacio Real de Aranjuez. El proyecto de este jardín de tipo inglés fue realizado por el francés Esteban Boutelou.

de dioses mitológicos, como Diana, Baco o Narciso, como si el Olimpo hubiese descendido hasta nosotros, para escenificar las apasionantes aventuras de sus deidades.

El siglo XVIII fue el de los grandes viajes alrededor de los mares. En los jardines europeos aparecieron pabellones chinescos, o de estilo hindú, además de los clásicos neogriegos o neoárabes. Esto significaba el comienzo de la síntesis de las culturas que, poco a poco, se iba produciendo entre los rincones más alejados del globo. La influencia de los jardines chinos y japoneses fue extraordinaria en Europa, por su armonía y su sentido espiritual y relajante.

La paradoja se produjo cuando los personajes más sofisticados, como Luis XVI y la reina María

Antonieta, utilizaron la filosofía del «regreso a la Naturaleza», como una moda divertida, escogiendo tan sólo el aspecto formal, con la creación de aldeas de cartón piedra en sus propios jardines, para las que contrataban a servidores vestidos de campesinos, que cuidaban de las huertas y de los animales, ordeñando las vacas y fabricando mantequilla y queso.

El famoso *Hameau* (aldea) de María Antonieta, en los jardines de Versalles, fue imitado por todos los reyes europeos, encantados con la idea de jugar por las tardes a los campesinos, para asistir luego a una exquisita representación operística, con los más sofisticados ropajes y maquillajes.

Para seguir la moda campesina, los Príncipes de Asturias, Carlos IV y María Luisa de Parma, am-

En el Jardín del Príncipe, se abre un gran estanque de forma irregular conocido como «Los Chinescos». Aquí se halla un templete (en la imagen), de estilo griego, al que se llega por un puente pasadizo, creación de Juan de Villanueva. El templete tiene diez columnas, de mármol verdinegro, con capiteles jónicos, de mármol blanco; el techo está pintado por Zacarías González Velázquez, con flores, pájaros y arquitecturas.

75

En el Jardín del Príncipe de Aranjuez se alza la «Casa del Labrador» (en la imagen). Edificación de recreo, fue realizada siguiendo el estilo del «Hameau de la Reina» creado para María Antonieta, como lugar donde celebrar reuniones y bailes, y que también se utilizaba como punto de partida de excursiones y cacerías.

pliaron una vieja casona de labranza, a orillas del río Tajo. En su interior comenzaron a trabajar los mejores artesanos de la época, hasta crear el más bello palacete de Europa, con fachada encalada y pobre, al estilo campesino, que recibió el nombre de «Casa del Labrador».

El mismísimo Napoleón Bonaparte regaló a Carlos IV y a María Luisa de Parma el famoso «Gabinete de Platino», para la Casa del Labrador, que vino ya construido desde París y fueron montados sus paneles en Aranjuez.

A través de estos jardines del siglo XVIII podemos reconstruir también parte de la historia de España. Los diversos árboles exóticos, nos llevan a los viajes científicos y la obsesión por encontrar fines prácticos a todas las plantas recién descubiertas. Las esculturas de las fuentes, son el mejor reflejo del arte de la época y de su admiración por la Antigüedad Clásica. Los palacetes, también llamados Casas de

Recreo, nos dan la pauta para interpretar tanto el gusto artístico de la época como el formidable nivel alcanzado por las industrias de ebanistería, relojería, tapicería, cristal, plata y cerámica.

Los embalses, diques y conducciones de agua, necesarios para regar tan inmensos jardines, sólo pudieron hacerse con los elevados conocimientos de los ingenieros militares que trabajaban a las órdenes de nuestros monarcas de la Casa de Borbón.

Algunas aristócratas, como la duquesa de Osuna y la duquesa de Alba, patrocinaron jardines de este tipo. La Alameda de Osuna, junto al aeropuerto de Barajas, es un fantástico ejemplo de la moda campesina, con abejeros, para fabricar miel, vaquerías, para la leche, mantequilla y queso, y canales, para regar y navegar a lo largo del jardín.

Palacetes y jardines

Vista del canal que fluye alrededor del Jardín de la Isla. En Aranjuez, Carlos III no sólo se dedicaba a la caza, también fue gran aficionado a la pesca con caña.

10

Bajo el reinado de Carlos III, el Real Jardín Botánico se convertirá, junto con el Gabinete de Historia Natural, en el impulsor de la nueva política científica, reflejo del interés del monarca por la Historia Natural y por la protección a los «conocimientos útiles». *La nobleza a la entrada del Jardín Botánico*, de Paret.

Medicina y Alquimia
Los boticarios del rey y la evolución de la Medicina

En la comitiva que venía de Versalles con el nuevo rey español de la Casa de Borbón, Felipe V, viajaba un personaje que transformaría la medicina en España. Se trataba del boticario real, Riqueur, quien había aprendido todo en el ámbito erudito y cosmopolita de la corte del «Rey Sol».

En España se había producido una paralización en la evolución de la Medicina desde tiempos de Felipe II, cuando este monarca ordenaba expediciones científicas en todos los territorios americanos para investigar las propiedades curativas de las plantas, que habían utilizado durante siglos los aztecas, incas y mayas con muy positivos resultados.

Aunque el Siglo de Oro fue muy brillante desde el punto de vista cultural, apenas se realizaron avances en el campo de la Medicina y el resto de las actividades científicas. Durante el reinado de los últimos Austrias no se había investigado sobre las

propiedades curativas de las plantas y la incultura de muchos médicos llegaba a niveles asombrosos.

Bajo el reinado de los Borbones cambiaron los intereses, Riqueur, como boticario del rey, hizo comprar un terreno a orillas del Manzanares, junto a la actual Puerta de Hierro, y cultivar un jardín de plantas que se conocería como el Jardín de Migas Calientes, y que poseía una tierra fantástica para el crecimiento vegetal.

Los boticarios, cirujanos y médicos trabajaban por separado y, en general, no se transmitían sus conocimientos. La reina Isabel de Farnesio y su hijo Carlos III decidieron que esa situación absurda tenía que terminar. Instaron a que se pasara a un ejercicio de la medicina más práctico, abandonando la tradición de las largas discusiones pseudocientíficas que precedían, a menudo, al ejercicio práctico de la medicina.

Sala de destilaciones de la Real Farmacia, en el Palacio Real de Madrid. En ella se exponen las redomas y las retortas de cristal y cobre, que se utilizaban en el siglo XVIII para la destilación de los medicamentos, los hornos de hierro y los alambiques de cobre, empleados para destilar plantas y flores aromáticas, etcétera.

Los reyes sabían que en las plantas se encontraban los principios medicinales y dieron poder a los botánicos, como grupo científico que dominaba el mundo vegetal. Ordenaron que todos los médicos, cirujanos y boticarios al servicio de la Casa Real y de los Ejércitos, estudiaran a fondo la Botánica y que se examinasen periódicamente. Los que no pasaban el examen botánico se quedaban sin ascensos y conservaban su trabajo con gran dificultad.

España contribuyó, en parte, al mejor conocimiento de la Botánica aplicada a la Medicina. Nuestros botánicos, como Mutis, Gómez Ortega o Cavanilles eran conocidos en Londres, París y Estocolmo, desde donde se les pedían nuevas plantas y escritos sobre sus propiedades.

Junto a los hospitales más importantes surgieron jardines botánicos. El ejemplo más claro fue el del Hospital General de Atocha y el Jardín Botá-

Retrato del botánico y matemático **Celestino Mutis (1732-1808).** Como médico del virrey de Nueva Granada se trasladó a América. Allí fundó, en 1762, una cátedra de matemáticas y, luego, un observatorio astronómico. Recorrió el virreinato estudiando su flora, y facilitó muchos datos de la misma a Linneo.

nico del Paseo del Prado, en Madrid, separados ambos por escasos metros. Las plantas medicinales, como la quinina, se exportaron a toda Europa y constituyeron una buena fuente de divisas.

En la Plaza de la Armería del Palacio Real se conserva la Botica de Palacio, tal como estaba en el siglo XVIII, con su aire de laboratorio de alquimia. Allí se producían los medicamentos para la Familia Real, pero también para los centenares de servidores que trabajaban en aquel entorno.

Gran parte de las medicinas que compramos en las farmacias derivan de las plantas que investigaron nuestros antepasados del siglo XVIII.

La cirugía también se desarrolla notoriamente en este siglo, dando buena muestra de ello la creación de las Escuelas de Cádiz y Barcelona.

Medicina y Botánica

Retrato de Pedro Virgili con los planos del Real Colegio de Cirugía de Cádiz, sosteniendo la efigie del marqués de la Ensenada. El médico Pedro Virgili (1699-1776) fue cirujano en el hospital de Tarragona y fundó dos colegios militares de cirugía, Cádiz (1748) y Barcelona (1760), que desplazaron a la universidad en la enseñanza de la Medicina. Fueron los primeros centros donde se enseñó en castellano y no en latín.

81

El ejército como motor del progreso científico

Los mayores avances científicos de la España del siglo XVIII vinieron de los militares. En la época de los Austrias no existía un ejército permanente. Cuando el rey de España tenía que atacar, en Flandes o en el Milanesado, debía encargar a uno de sus nobles que contratara un ejército de asalariados, buscando soldados alemanes y suizos, o reclutando españoles entre los vagabundos o presidiarios, que constituían una soldadesca de poca eficacia. Si bien alguna vez se recurría a las levas, sólo en las guerras populares lograban dar éstas buenos resultados.

La falta de dinero y de moral llevaron a sucesivas derrotas a lo largo del siglo XVII. Al comenzar

La reforma del ejército se inició durante la Guerra de Sucesión, a imitación del ejército francés.

el nuevo siglo, con un nieto de Luis XIV en el trono de España, las cosas empezaron a cambiar. Felipe V creó un ejército permanente, con los famosos cuerpos de las Guardias de Corps y Guardias Valonas, como punta de lanza de esta nueva organización militar.

En el cuerpo de Ingenieros se concentraron los científicos más importantes de la época, tanto en el ámbito de las técnicas constructivas como en el conocimiento de la arquitectura antigua. Los ingenieros debían diseñar puentes, fortificaciones y ciudadelas, pero, además, fueron los responsables de socavar el terreno de yacimientos arqueológicos tan importantes como Herculano y Pompeya. Se trataba de ingenieros militares españoles, como Juan Antonio Medrano o Alcubierre, que habían viaja-

Los ingenieros

A partir del reinado de Carlos III, se realizan cambios profundos en el ejército. Se establece el servicio militar obligatorio (1767) y, al año siguiente, se configura la nueva organización militar, según la cual el ejército estaría formado por la Guardia Real y las Armas de Infantería, Artillería e Ingenieros. Además de la renovación en el armamento militar, lo más destacable es la creación y consolidación de un cuerpo de Oficiales profesionales. En la ilustración, *El joven Guardia de Corps Manuel Godoy en uniforme de gala*, de Esteve.

La Puerta de Alcalá de Madrid, mandada construir por Carlos III al arquitecto y comandante de ingenieros Francesco Sabatini, para sustituir el arco levantado por Felipe III en honor de Margarita de Austria.

do a Nápoles, con Carlos III, y allí hicieron gala no sólo de su sabiduría técnica, sino también de su erudición histórica.

Recordemos también que monumentos como la Puerta de Alcalá y el Ministerio de Hacienda fueron construidos por un comandante de Ingenieros, Francesco Sabatini, y que el Hospital General de Atocha fue la obra de otro ingeniero, José de Hermosilla, responsable asimismo de las explanaciones y ordenación del Paseo del Prado, que era sin duda el escenario urbano más importante del siglo XVIII.

Si, por una parte, los ingenieros intervinieron en facetas tan importantes como el urbanismo, o la recuperación de ciudades antiguas tan importantes como Herculano y Pompeya, por otra, construyeron una importante red de caminos que partía radialmente de la Corte y alcanzaba los puertos de mar más importantes. De estos caminos destacó el de Andalucía por Despeñaperros, cuyo trazado se

ha conservado prácticamente intacto hasta nuestros días y que comunicaba con las «Nuevas Poblaciones» de Sierra Morena, como La Carlota o La Carolina.

Pero no sólo los ingenieros militares fueron la avanzadilla científica del siglo XVIII. En el aspecto de la sanidad, los cirujanos y boticarios del Ejército crearon las bases de nuestra Medicina moderna.

Los boticarios militares debían disponer de abundantes plantas medicinales para curar a los soldados heridos. Ello les obligaba a plantar magníficos jardines botánicos y a investigar en las propiedades curativas de las nuevas plantas que llegaban de América, como la corteza de la quina, que se impuso para curar las fiebres palúdicas.

Médicos y boticarios

Bien se te está, grabado de Goya, de la serie «Los desastres de la guerra».

Estos boticarios militares, como Quer, Ortega y Minuart, al regresar de las campañas de reconquista de Nápoles, de manos de los austriacos, fueron los artífices del Jardín Botánico de Migas Calientes, junto a la Puerta de Hierro, a orillas del Manzanares. Este Jardín fue el precursor del Jardín Botánico junto al Museo del Prado, que aclimató a las especies vegetales que llegaban desde todos los rincones de las colonias españolas.

Cuando Carlos III intentó la toma de Gibraltar desde La Línea de la Concepción, en un asedio fracasado que duraría casi diez años, se instalaron magníficos jardines botánicos, con plantas medicinales que debían curar a los soldados enfermos o heridos en esta campaña. Los boticarios de la Ma-

La Botánica y las Ciencias Naturales experimentaron un gran desarrollo durante el siglo XVIII. El interés por la Botánica quedó reflejado en la creación del Real Gabinete de Historia Natural y del Jardín Botánico, donde enseñaron y trabajaron Quer y Gómez Ortega, y donde trabajó un discípulo de Linneo, Loefling. En la ilustración, lámina de una planta medicinal.

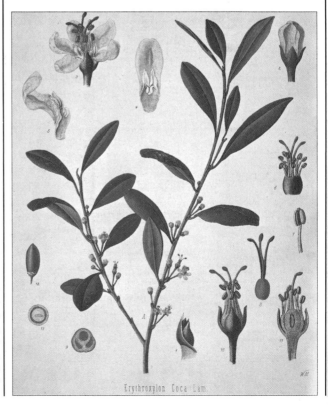

Erythroxylon Coca Lam.

rina crearon sus jardines de hierbas medicinales en Cádiz y Cartagena, puertos que conservan su gran tradición botánica.

La Marina tuvo hombres, como Jorge Juan y Antonio de Ulloa, que fueron grandes científicos y que contribuyeron al famoso descubrimiento del francés La Condamine, de que la Tierra estaba achatada por los polos, como una sandía, y no en punta como un melón. La oposición entre los defensores del «melón» y la «sandía» puede parecernos graciosa hoy en día, pero fue trascendental porque incentivó el desarrollo de la Cartografía, la Astronomía, la Geometría y las Matemáticas.

Jorge Juan fue el gran propulsor de la Escuela de Guardiamarinas de Cádiz, donde quiso instalar

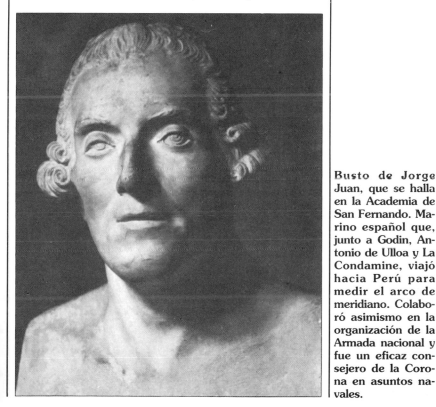

Busto de Jorge Juan, que se halla en la Academia de San Fernando. Marino español que, junto a Godin, Antonio de Ulloa y La Condamine, viajó hacia Perú para medir el arco de meridiano. Colaboró asimismo en la organización de la Armada nacional y fue un eficaz consejero de la Corona en asuntos navales.

El Observatorio Astronómico

El Observatorio Astronómico de Madrid, obra de Juan de Villanueva (1790). De planta cruciforme, está organizado en torno a un gran salón central, que está rematado por un templete circular. En cada uno de los ángulos se alza un cupulín, cuyo aspecto macizo contrasta con las columnas del templete. La fachada (en la imagen) está constituida por un pórtico de seis columnas con capiteles clásicos. Arquitectónicamente constituye un claro ejemplo del Neoclasicismo del siglo XVIII, tanto en su proporción y racionalismo compositivo, como en la utilización de elementos grecorromanos (columnas, frisos, etcétera).

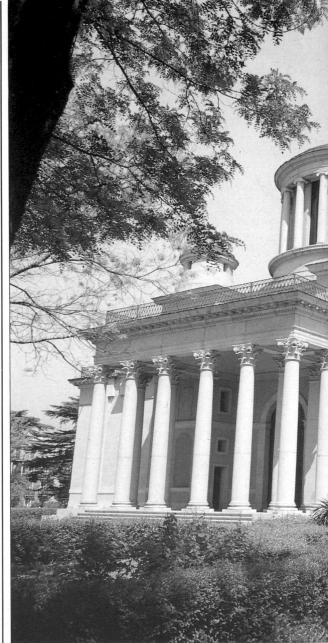

La reforma de las universidades, y la modernización de sus enseñanzas, chocó con la presencia de la Iglesia y la tradición en la organización universitaria, y con las presiones de los sectores más reaccionarios, a los que alarmaban las posibles consecuencias sociales de la misma. La reforma fue tardía (su máxima expresión es el Plan de Olavide para la Universidad de Sevilla, de 1769), y se puede afirmar que el intento global de reforma acabó en fracaso. Los modernos métodos científicos y pedagógicos se pusieron en práctica en centros creados por los gobiernos ilustrados, los Reales Colegios, separados de las universidades, que se extendieron por distintas ciudades españolas. En la imagen, Tribuna del Paraninfo, Universidad de Alcalá de Henares.

un formidable Observatorio Astronómico que, al final, fue levantado en los jardines madrileños del Retiro, en los terrenos del Olivar de Atocha.

Los mejores matemáticos y astrónomos españoles del XVIII pertenecieron a la Marina de Guerra. Fuera de ellos apenas existieron estas ciencias. La Universidad como tal, seguía empeñada en materias de «letras» como la filosofía y las leyes, que, estudiadas bajo rígidos moldes, poco contribuían al desarrollo científico, técnico e industrial del país.

En Segovia se creó una interesante Escuela de Artillería por un noble aventurero y genial que tenía el nombre de Filippo Gazolla, conocido posteriormente como el conde Gazola. Había intervenido en el descubrimiento de antiguas ciudades,

como Poseidonia, al sur de Nápoles, como súbdito de Carlos III, y en la llegada a España del veneciano Giambattista Tiépolo para que pintase las bóvedas del Palacio Real. Este polifacético personaje inventó un pequeño cañón, de probada eficacia de fuego, que le valió la confianza del rey para dirigir la Escuela de Artillería, que se emplazó en el histórico Alcázar de Segovia.

Todos estos militares, que se desenvolvían en ámbitos tan distintos como la medicina, la navegación, la excavación de ruinas, la creación de caminos y fortificaciones, fueron los grandes precursores de la Ciencia en España. Su nivel fue tan alto que, un siglo después, todavía no se habían superado muchos de sus conocimientos.

Las Reales Escuelas

La reconstrucción de la Marina española se llevó a cabo ante la necesidad de proteger los territorios americanos y el comercio colonial. Se reorganizó y renovó la Armada, con la construcción de numerosos buques, y se crearon colegios para la formación de marinos, como el fundado por José Patiño en Cádiz, del que salieron oficiales tan ilustres como Jorge Juan y Antonio de Ulloa. En la ilustración, navío español de sesenta cañones, del siglo XVIII.

Glosario

Breve
Documento pontificio utilizado por los papas en su correspondencia política y también en otras resoluciones disciplinarias de la Iglesia.

Consejos
Órganos de gobierno de la administración central de la Monarquía de los Austrias. Estaban constituidos por nobles y letrados que asesoraban al rey en tareas específicas de gobierno. Había Consejos destinados a examinar los asuntos de los distintos reinos de la Monarquía (Consejo de Castilla, Consejo de Italia, Consejo de Aragón...), otros se ocupaban de aspectos particulares de la Corona de Castilla (Consejo de Hacienda, Consejo de Órdenes...), y, por último, el Consejo de Estado y el Consejo de Guerra asesoraban al monarca en la política exterior de la Monarquía. Con los borbones, los Consejos fueron sustituidos por las Secretarías de Estado. Sólo el Consejo de Castilla (órgano central de gobierno del reino, con atribuciones judiciales, legislativas, administrativas y de inspección de la vida municipal) vio aumentado su poder, al constituirse en el principal órgano político, tanto para Castilla como para la Corona de Aragón, tras promulgar Felipe V los Decretos de Nueva Planta.

Cronómetro marino
Los cronómetros son aparatos horarios portátiles de alta precisión. Los cronómetros marinos son los más precisos de los instrumentos horarios utilizados en la navegación.

Decretos de Nueva Planta
Serie de decretos que suprimen el gobierno propio de Aragón, Valencia, Mallorca y Cataluña. Fueron promulgados por Felipe V en respuesta al apoyo que habían prestado al archiduque Carlos en la Guerra de Sucesión. Obedecen también a la tendencia centralizadora del absolutismo monárquico. El primer Decreto de Nueva Planta fue el de Aragón y Valencia (1707), por el que se abolían los fueros y se imponía una legislación y organización castellanas. Se crean audiencias en Valencia y Zaragoza, presididas por el Capitán General. El segundo decreto fue el de Mallorca (1715). Conservó parcialmente alguna institución,

creándose una audiencia en Palma. El tercer decreto fue el de Cataluña (1716), que reorganizó el régimen jurídico y político del Principado. Se disolvieron sus instituciones (Consell del Cent, Generalitat, etc.). Se prohibió la lengua catalana en los juicios, se abolieron los somatenes y se creó una Audiencia, que gobernaba el territorio junto al Capitán General. Los regidores del ayuntamiento de Barcelona fueron de nombramiento real. Se conservaron algunas particularidades de su administración, como la exención de Quintas, el oficio de Notario público de Barcelona y el Derecho privado (herencia, matrimonio, derechos de la mujer...).

Despotismo ilustrado
Denominación que recibe la forma del absolutismo monárquico que se dio en algunos países europeos (Francia, España, Austria, Prusia, Rusia, etc.) durante el siglo XVIII. El despotismo ilustrado intentó aplicar las ideas de racionalidad y orden natural de la ilustración. Su programa se suele resumir en la frase: «Todo para el pueblo, pero sin el pueblo». Su actuación se centró en una serie de reformas encaminadas a lograr el progreso de la economía, la ampliación del nivel cultural y la centralización de la administración del Estado para hacerla más eficaz. Su programa de reformas se enfrentó con la contradicción de querer transformar las estructuras económicas, educativas y administrativas sin modificar las políticas. Entre los déspotas ilustrados más destacados podemos citar a Federico II de Prusia, José II de Austria, Catalina II de Rusia, Carlos III de España y José I de Portugal.

Enciclopedia
Obra francesa que pretendía resumir todo el saber del siglo XVIII. La idea surgió de un librero, Le Breton, y fue desarrollada por Diderot, quien buscó los colaboradores más célebres del momento en los distintos campos del saber (D'Alembert, Montesquieu, Voltaire, Turgot, etc.). La obra está inspirada en el racionalismo optimista de la época y fue la primera obra de divulgación científica que estuvo al alcance de las clases medias e incluso populares. Políticamente conservadora, fue, sin embargo, muy crítica en las cuestiones relativas a la re-

ligión. Después de seis años de trabajo, el primer volumen apareció en 1751, y el último de los diecisiete en 1765.

Fuero
Carta jurídica en la que se recogen el estatuto y los derechos y obligaciones de una determinada localidad, comarca o reino. Los fueros tienen su origen en la Alta Edad Media, en las llamadas cartas de repoblación.

Ilustración
Movimiento intelectual europeo que se desarrolla entre finales del siglo XVII y la Revolución Francesa (1789). Nació en Gran Bretaña, extendiéndose después por el continente, en particular por Francia. El movimiento ilustrado se basó en los principios del empirismo y el cartesianismo del siglo XVII y divulgó las ideas de los grandes pensadores (Newton, Locke, Descartes o Hume, entre otros). La Ilustración se caracterizó por el optimismo basado en la confianza que despiertan la Razón, la Ciencia y la Educación como base del Progreso, que conducirá a los hombres a la Felicidad; destacó la importancia de la Naturaleza y el descubrimiento de sus leyes a través de la Razón; separó la moral civil de la religiosa, señalando el carácter virtuoso de la condición humana y la necesidad de la tolerancia; defendió la libertad frente a los privilegios del Antiguo Régimen y el abuso del poder del absolutismo, así como que todos los hombres son iguales por su nacimiento y poseen unos derechos naturales inviolables.

Pragmáticas
Leyes que promulgaba directamente el rey, sin el consentimiento de las Cortes.

Reales Sitios
Se denomina de este modo al conjunto de los palacios construidos por los Austrias y los Borbones españoles alrededor de Madrid, y en los que los monarcas y la Corte pasaban determinadas épocas del año. El primero de ellos fue El Pardo, donde los reyes iban a cazar y pasaban parte del invierno. El palacio de Aranjuez era el lugar donde se trasladaban en primavera, y fue utilizado habitualmente desde Carlos I. Desde que Felipe II ordenó su edificación,

El Escorial se convirtió en la residencia de otoño. En Segovia, Felipe V mandó erigir el palacio de La Granja, que se convirtió en la residencia de verano. Isabel de Farnesio mandó construir el último de los sitios en el coto de Riofrío, próximo a La Granja.

Regalismo
Intento del poder real de intervenir en los asuntos de la Iglesia y de someterla a su obediencia. Esta postura intervencionista del rey llevó, por ejemplo, a la expulsión de los jesuitas bajo el reinado de Carlos III. El regalismo pretendía llevar a la religión a los principios del absolutismo y contrarrestar el enorme peso de la Iglesia y del estamento eclesiástico en la economía, la política y la sociedad.

Reformismo borbónico
Conjunto de medidas reformadoras realizadas por los borbones españoles durante el siglo XVIII, y que alcanzaron su máxima expresión durante el reinado de Carlos III. En el ámbito cultural, el pensamiento de la ilustración tuvo su reflejo en la fundación de Academias y entidades privadas, como las Sociedades Económicas de Amigos del País. Se impulsaron las enseñanzas técnicas mediante la creación de centros de ingenieros, matemáticos, etc. En agricultura, se intentó aumentar el número de pequeños propietarios campesinos y se colonizaron tierras desérticas, como La Carolina en Sierra Morena. En industria, se crearon fábricas reales y se favoreció la creación de empresas privadas; surgieron las industrias algodoneras en Cataluña y las Juntas de Comercio que las protegían. Para la financiación y fomento de la industria y el comercio se creó el Banco de San Carlos, base del futuro Banco de España, y se suprimieron los fueros, aduanas internas y monopolios, estableciéndose asimismo la libertad de comercio con las colonias. Las reformas políticas se basaron en la unificación y el centralismo administrativo. En el ámbito social se intentó promocionar a las clases burguesas; se creó la Orden de Carlos III, que premiaba la valía personal y no la nobleza, decretándose la compatibilidad del trabajo y las actividades comerciales con el título de hidalguía.

93

Índice alfabético

Bibliografía

Andioc, R., *Teatro y sociedad en el Madrid del siglo XVIII*. Castalia, Madrid, 1976.

Anes, G., *Los Borbones*. Alfaguara, Madrid, 1975.

Artola, M., *Los Borbones*. Alianza, Madrid, 1973.

Caso González, J. M., y otros, *La Ilustración española*. Cuadernos 16, núm. 44, Madrid, 1985.

Domínguez Ortiz, A., *Sociedad y Estado en el siglo XVIII español*. Ariel, Barcelona, 1984.

—*Carlos III y la España de la ilustración*. Alianza, Madrid, 1988.

—y otros, *La España de Carlos III*. Cuadernos 16, núm. 199, Madrid, 1985.

Fernández Díaz, R., *La España del siglo XVIII*. Col. «Biblioteca Básica de Historia», Anaya, Madrid, 1990.

Herr, R., *España y la revolución del siglo XVIII*. Aguilar, Madrid, 1964.

Mestre, A., *Despotismo e Ilustración española*. Ariel, Barcelona, 1976.

Sarrailh, J., *La España ilustrada de la segunda mitad del siglo XVIII*. F. C. E., Madrid, 1979.